Entender
el orden de los sucesos

En un cuento, las cosas pasan en cierto **orden**. Algo pasa **primero, después** y **al final**. Cuando cuentas un cuento, lo debes contar en el orden en que pasaron las cosas.

Frases claves para **entender el orden de los sucesos**:

Primero, _____

Después, _____

Luego, _____

Al final, _____

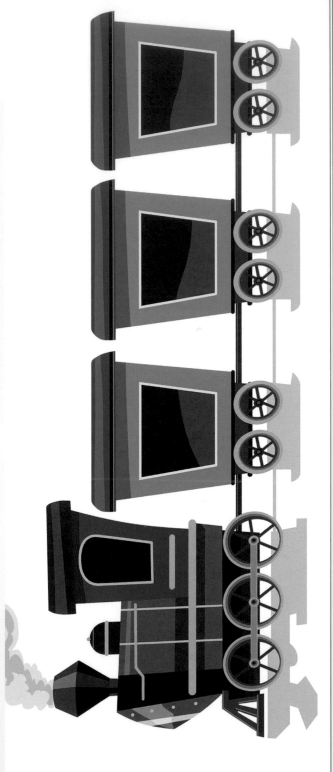

Así crece una planta

Plántulas de tomate

Estas son plántulas de tomate.

Una plántula es una planta nueva que está creciendo.

En unos meses, estas plantitas se convertirán en altas plantas llenitas de rojos y jugosos tomates.

Plantas madres

Las plantas que ves en esta página son plantas madres de tomate. Una planta madre produce frutos y semillas. El fruto es el tomate.

¿Cómo se convierte una plántula en una planta madre?

El ciclo de vida de una
planta de tomate

planta joven

plántula

Las plantas salen de pequeñas semillas y crecen hasta convertirse en plantas madres. El proceso de crecimiento de una planta se llama **ciclo de vida**. Las diferentes partes de la planta crecen y cambian durante su ciclo de vida. Todos los seres vivos tienen un ciclo de vida.

¡EXTRA! Ciclo de vida

Las personas crecen durante su ciclo de vida. Un bebé nace, se hace niño y luego se convierte en adulto.

planta madre

Este diagrama muestra el ciclo de vida de una planta de tomate. Al principio, la planta es una semillita en el suelo. Al final del ciclo de vida, la planta ha crecido mucho y da jugosos tomates.

Un campo para sembrar

germinar

Las semillas

Las plantas de tomate crecen en el suelo, que es la parte más superficial de la corteza terrestre.

La planta de tomate comienza como una semilla muy pequeña. Una semilla luce diferente a una plántula y a una planta madre. Un campesino o un jardinero siembra la semilla en el suelo. Cuando se le echa agua, la semilla **germina**.

SABELOTODO

Las semillas de tomate crecen dentro del fruto.

raíz

Las raíces

Una semilla que ha germinado comienza a desarrollar las partes que necesitará para convertirse una planta madre. Una raíz sale de la semilla y se mete en el suelo. Luego, le seguirán más raíces. Las raíces tienen la importante tarea de llevar los nutrientes y el agua a toda la planta.

SABELOTODO

Los nutrientes son la comida de las plantas. Las vitaminas y los minerales son nutrientes.

¿Qué necesitan las plantas para crecer?

Las plantas son seres vivos y crecen en todo tipo de lugares.

Toda planta necesita cuatro cosas para crecer:

1. agua
2. nutrientes del suelo
3. luz solar
4. aire

La mayoría de las plantas obtienen el agua de la lluvia. Las personas también les pueden echar agua.

La lluvia cae sobre las plantas.

Los nutrientes están en el suelo; son la comida de las plantas.

El suelo

Alguien riega una planta.

La luz proviene del Sol. Todas las plantas necesitan luz solar para crecer.

Las plantas también necesitan aire. Algo que hay en el aire, llamado dióxido de carbono, las ayuda a hacer su propia comida.

Al sembrar una semilla de tomate hay que echarle mucha agua al suelo. Las raíces absorben el agua y la envían a todas las partes de la planta. El agua ayuda a la planta de tomate a crecer.

energía

tallo

Los tallos

Un tallo crece de la semilla. El tallo se abre paso
a través del suelo para llegar al aire. El tallo tiene
dos hojas. Ahora la luz solar brilla sobre el tallo
y las hojas. La plántula obtiene **energía** del Sol,
y así el tallo puede seguir creciendo.

La energía del Sol ayuda a la planta a volverse
más alta y gruesa. Las raíces traen más agua
y nutrientes del suelo. El agua y los nutrientes
se mueven a través del tallo.

Las raíces toman los nutrientes del suelo. Algunas veces tenemos que ponerle al suelo nutrientes adicionales, llamados fertilizantes, para ayudar a las plantas a crecer y ponerse fuertes.

Las ramas

Ahora el tallo está fuerte y la planta crece mucho más. Del tallo salen más hojas, formándose así largas y finas ramas que crecen en diferentes direcciones. Las ramas se extienden para obtener mayor cantidad de luz solar.

A medida que el tallo crece y se fortalece, a la planta de tomate le salen más ramas y hojas. Las ramas también se hacen más largas y fuertes. El agua y los nutrientes se mueven de las raíces al tallo y las ramas. Las ramas empiezan a cambiar.

¡EXTRA!

A medida que la planta de tomate crece, su parte de arriba se va haciendo más pesada. Para mantenerla recta, la debemos amarrar a una vara que esté firmemente enterrada en el suelo. Así evitamos que las plantas se enreden entre ellas y los frutos se pudran.

Las hojas

A medida que crecen las ramas también lo hacen las hojas. Las ramas están cubiertas de hojas que se extienden para tomar la luz solar. La planta de tomate se está convirtiendo en una planta madre.

Fotosíntesis

Las personas y los animales no hacen su propio alimento, pero las plantas sí. Las plantas fabrican su alimento mediante la fotosíntesis. Las hojas obtienen energía de la luz solar y absorben del aire un gas llamado dióxido de carbono. La planta utiliza la luz solar, el dióxido de carbono y el agua del suelo para producir los azúcares o alimentos que necesita.

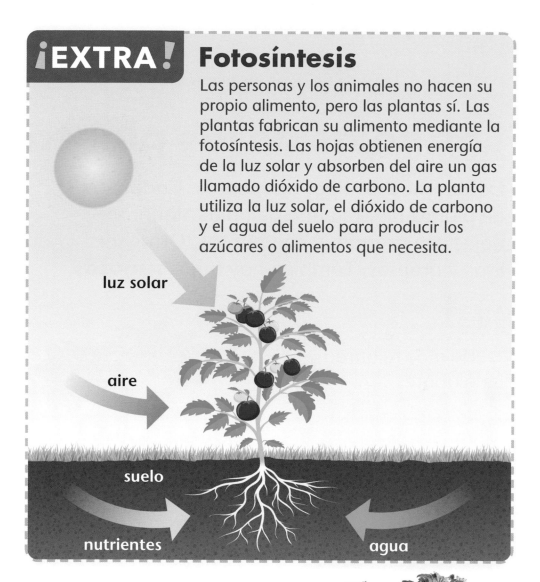

luz solar

aire

suelo

nutrientes

agua

Las hojas de la planta de tomate tienen una tarea importante: utilizan aire, agua y luz solar para producir sus alimentos. Esos alimentos ayudan a la planta a seguir creciendo y a producir flores y frutos.

Las hojas de las plantas

Existen muchos tipos de plantas. Cada tipo de planta tiene su tipo de hoja. Algunas hojas son grandes y con puntas. Otras son lisas y gruesas. También hay hojas **rugosas**.

Hoja de ruibarbo gigante

rugosa

Hojas de roble

Hojas redondas y lisas de una planta de jade

SABELOTODO

Algunas plantas, como los pinos, tienen hojas puntiagudas llamadas agujas.

¡Plantas que comen insectos!

Los insectos se comen las plantas, ¡pero hay algunas plantas que se comen a los insectos! Esas plantas usan sus hojas para atrapar y comerse al insecto.

SABELOTODO

Estas plantas se llaman carnívoras. Carnívoro significa que come animales.

Las flores

Ahora la planta de tomate tiene muchas
ramas fuertes y muchas hojas. El tallo
también es fuerte y alto. Pronto, brota
una flor amarilla. Luego crecen más
flores amarillas. La planta está lista
para dar tomates.

Las frutas

Algunas flores se caen, y otras se convierten en pequeños tomates verdes. Los tomates crecen cada vez más y van cambiando de color. Ahora, son grandes y rojos, ¡y están listos para comerlos!

SABELOTODO

El tomate es un tipo de fruta, igual que la manzana o el durazno.

Cultiva una planta en un frasco de cristal

El **aguacate** es un tipo de fruta que crece en un árbol. La **semilla** del aguacate suele ser grande.

1. Pídele a un adulto que te ayude a sacarle la semilla a un aguacate y enterrarle varios palillos de dientes a la semilla. ¡Ten cuidado: los palillos de dientes son puntiagudos y afilados!

2. Pon la semilla, sostenida por los palillos de dientes, en un frasco de cristal con agua. La parte superior de la semilla debe quedar fuera del agua.

3. Pon el frasco cerca de una ventana para que reciba luz solar.

4. Cambia el agua cada semana.

palillos de dientes

Pronto, verás que crecen raíces en la parte inferior de la semilla. Luego, brotará un tallo de la parte superior de la semilla. Cuando el tallo mida aproximadamente seis pulgadas de alto, pasa la semilla con las raíces a una maceta con tierra y riégala todos los días. ¡Ahora tienes tu propia planta de aguacate!

aguacate fruta de masa suave y semilla grande

ciclo de vida cambios por los que pasa un ser vivo a medida que crece

energía lo que la planta obtiene del Sol y la ayuda a crecer

germinar nacer una planta

rugosa(o) que tiene una superficie que no es lisa

semilla parte del fruto de una planta

Photography and Art Credits

All images © by Vista Higher Learning unless otherwise noted.

Cover: (background) Mint Images/Getty Images; (t) Tatiana_Pink/Shutterstock; (m) Nazarova Mariia/Shutterstock; (l) Encierro/Shutterstock.

4: Tatiana_Pink/Shutterstock; **5:** Mint Images/Getty Images; **8:** (tl) Stanislav71/Shutterstock; (tr) LuchschenF/Shutterstock; (b) Bergamont/Shutterstock; **9:** Unpict/Shutterstocok; **10-11:** (background) Dibrova/Shutterstock; Udovichenko/Shutterstock; **10:** (t) Artur Synenko/Shutterstock; (b) Artens/Shutterstock; **11:** (t) SantaLiza/Shutterstock; (m) Alexander Raths/Shutterstock; (b) Amenic181/Shutterstock; **12:** Tatiana_Pink/Shutterstock; **13:** Nazarova Mariia/Shutterstock; **14:** Kirillov Alexey/Shutterstock; **15:** Encierro/Shutterstock; **16:** NordHelena/Shutterstock; **17:** (t) Yuris/Shutterstock; (b) NinaMalyna/Shutterstock; **18:** Antoniya Kadiyska/Shutterstock; **19:** Madlen/Shutterstock; **20-21:** Rvika/Shutterstock; **20:** (tl) Maerzkind/Shutterstock; (tr) Bildagentur Zoonar GmbH/Shutterstock; (bl) Barbara Maffei Granadillo/Shutterstock; (br) Anton Starikov/Shutterstock; **21:** (l) Robert Anaya Jr/Shutterstock; (r) Cathy Keifer/Shutterstock; **22:** Haoka/Shutterstock; **23:** (t) Fotokostic/Shutterstock; (bl) Karandaev/123RF; (br) Yuliia Davydenko/123RF; **24-25:** Arina Ulyasheva/Shutterstock; **24:** (t) Nataliia Kravchuk/123RF; (m) MariaFedorova/Shutterstock; (b) Mar/Alamy; **25:** (t) Olga Yastremska/123RF; (b) New Africa/Shutterstock; **26:** (l) Nataliia Kravchuk/123RF; (r) Maerzkind/Shutterstock.

© 2023, Vista Higher Learning, Inc.
500 Boylston Street, Suite 620
Boston, MA 02116-3736
www.vistahigherlearning.com
www.loqueleo.com/us

Dirección Creativa: José A. Blanco
Vicedirector Ejecutivo y Gerente General, K–12: Vincent Grosso
Desarrollo Editorial: Salwa Lacayo, Lisset López, Isabel C. Mendoza
Diseño: Ilana Aguirre, Radoslav Mateev, Gabriel Noreña, Verónica Suescún, Andrés Vanegas, Manuela Zapata
Coordinación del proyecto: Karys Acosta, Tiffany Kayes
Derechos: Jorgensen Fernandez, Annie Pickert Fuller, Kristine Janssens
Producción: Esteban Correa, Oscar Díez, Sebastián Díez, Andrés Escobar, Adriana Jaramillo, Daniel Lopera, Juliana Molina, Daniela Peláez, Jimena Pérez

Así crece una planta
ISBN: 978-1-54338-619-6

Printed in the United States of America

1 2 3 4 5 6 7 8 9 AP 28 27 26 25 24 23